BEI GRIN MACHT SICH IHR WISSEN BEZAHLT

IT-Security und Datenschutz. Bedrohungsanalyse für eine Arztpraxis

Constantin Sinowski

Bibliografische Information der Deutschen Nationalbibliothek:

Die Deutsche Nationalbibliothek verzeichnet diese Publikation in der Deutschen Nationalbibliografie; detaillierte bibliografische Daten sind im Internet über http://dnb.d-nb.de abrufbar.

ISBN: 9783346703422
Dieses Buch ist auch als E-Book erhältlich.

© GRIN Publishing GmbH
Nymphenburger Straße 86
80636 München

Druck und Bindung: Books on Demand GmbH, Norderstedt Germany
Gedruckt auf säurefreiem Papier aus verantwortungsvollen Quellen

Das Buch bei GRIN: https://www.grin.com/document/1264668

Wirtschaftsingenieurwesen Digital Engineering & Management

Hochschule Fresenius onlineplus

Ersatzleistung

IT-Sicherheit und Datenschutz
Bedrohungsanalyse für eine Arztpraxis

NAME: Constantin Sinowski

MODUL: IT-Sicherheit und Datenschutz
ABGABEDATUM: 21.03.22

Inhaltsverzeichnis

1. Abbildungsverzeichnis

2. Abkürzungsverzeichnis

AP	Arbeitspaket
CI	Continuous Improvement
	(dt. KVP, *Kontinuierlicher Verbesserungsprozess*)
BDSG	Bundesdatenschutzgesetz
IaaS	Infrastrucure-as-a-Service (dt. *Infrastruktur als Dienstleistung*)
IT	Information Technology (dt. *Informationstechnologie*)
ISMS	Information Security Management System
	(dt. *Informationssicherheitsmanagementsystem*)
KPI	Key Performance Indicator (dt. *missionskritische Faktoren*)
GDPR	General Data Protection Regulation
	(dt. DSGVO, *Datenschutzgrundverordnung*)
PoC	Proof of Concept (dt. *Verifizierung des Konzepts*)
PSP	Projektstrukturplan
REST API	Representational State Transfer Application Programming Interface
TCP/IP	Transmission Control Protocol/Internet Protocol
TI	Telematikinfrastruktur
VPN	Virtual Private Network (dt. *virtuelles privates Netzwerk*)

Einleitung

Während zunehmend mehr digitale Geräte und Anwendungen im Alltag verwendet
werden, um Informationen zu verarbeiten wächst auch die Anzahl an Bedrohungen für
die Sicherheit der Kommunikationssysteme. Damit ein System sicher ist, muss es un-
terbrechungsfrei und nur für befugte Personen verfügbar sein. Sowohl die technische
Infrastruktur als auch die Art und Weise wie diese von Personen genutzt wird muss den
Zielen einer Organisation gerecht werden, dass die Informationsverarbeitung vertrau-
lich erfolgt. Cybersicherheit wird oft nur als notwendige Compliance-Aufgabe oder gar
als reiner Kostenfaktor betrachtet. Dabei kann eine hohe Sicherheit bei digitalen Prozessen oder Produkten ein Mehrwert oder Wettbewerbsvorteil sein. Cloud-Systeme
oder Plattformen etwa funktionieren nur zuverlässig, wenn sie von Grund auf sicher
sind. Das Kundenvertrauen kann durch nachweislich existente Sicherheitsmaßnahmen
gestärkt werden. Cybersicherheit ist so notwendig wie das Qualitätsmanagement. Laut
dem Digitalverband Bitkom entstehen der deutschen Wirtschaft jährlich Schäden von
rund 230 Milliarden Euro durch Cyberangriffe. Nicht nur Universitäten oder Politiker
werde dadurch getroffen, sondern sogar kritische Infrastrukturen wie die Strom- oder
Wasserversorgung, Krankenhäuser oder Kommunikationssysteme. Private Unternehmen aller Größen sind in letzter Zeit verstärkt zur Zielscheibe von Cyberattacken ge-
worden, die beträchtlichen Schaden anrichten und auch die Existenz bedrohen können. Beispiele sind gestohlene Kundendaten oder Innovationen, gefälschte E-Mails
vom CEO mit der Aufforderung, Geld auf Auslandskonten zu überweisen, oder die Blo-
ckade der Produktionsanlagen mit anschließender Erpressung. Am häufigsten greifen
die Cyberkriminellen Unternehmen mit sogenannter Ransomware an, um so Lösegeld
zu erpressen. Dabei erlangen die Angreifer Zugriff auf die Speichermedien der Unternehmen und verschlüsseln alle darauf befindlichen Daten – die Eigentümer können
diese nicht mehr verwenden. Sind alle Systeme erst einmal lahmgelegt, kommen gan-
ze Betriebe zum Stillstand, sensible Daten könnten zudem veröffentlicht werden.
Mithilfe einer Bedrohungsanalyse im Kontext zur IT-Sicherheit für eine Allgemeine
Hausarztpraxis mit insgesamt 6 Mitarbeitern wird ein Umsetzungsplan für Sicherheitsmaßnahmen erstellt. Auf Basis einer Risikoanalyse werden potenzielle Optimierungs-
und Verbesserungsmöglichkeiten aufgezeigt.

1. Rechtliche Anforderungen

1.1. Datenschutz

Für einen niedergelassenen Arzt gelten primär die Bestimmungen der §§ 238-239, 257-261 HGB, § 91 Abs. 2 AktG bzw. GmbHG § 43 Abs. 1 GmbHG, das Betriebsverfassungsgesetz (BVerfG), die EU-Datenschutzgrundverordnung (GDPR, *General Data Protection Regulation*) und des Bundesdatenschutzgesetzes (BDSG) sowie Grundsätze zur ordnungsmäßigen Führung und Aufbewahrung von Büchern, Aufzeichnungen und Unterlagen in elektronischer Form sowie zum Datenzugriff (GoBD). Die IT-Sicherheitsrichtlinie nach § 75b SGB V regelt die Anforderungen an das IT-Sicherheitsniveau in den Praxen der Ärzte, Zahnärzte und Psychotherapeuten in der gesetzlichen Versorgung (Bundesamt für Sicherheit in der Informationstechnik, 2019). Hinsichtlich der Datenverarbeitung in der Telematikinfrastruktur (TI) sind Ärzte nur verantwortlich im Sinne der GDPR, soweit sie über die Mittel der Datenverarbeitung mit entscheiden. Die ganz oder teilweise automatisierte Verarbeitung personenbezogener Daten, also z. B. die Erhebung, Speicherung und Übermittlung nicht anonymer Daten mittels elektronisch verwalteter Patientenakten oder durch systematisch geordnete Karteikarten und Patientenakten, unterfällt dem Datenschutzrecht. In besonderen Fällen kann die Einholung einer Einwilligung zur Datenverarbeitung erforderlich sein. Es ist wichtig, dass diese Einwilligungserklärung entsprechend dem „informed consent" eingeholt wird. Sie muss insbesondere freiwillig und ausdrücklich erteilt worden und darf nicht pauschal abgefasst sein. Ansonsten ist die Erklärung unwirksam und die Datenverarbeitung rechtswidrig, was ein Bußgeld zur Folge haben kann. Eine Schriftform ist zwar nicht vorgeschrieben, aus Nachweis- und Beweisgründen aber oft sinnvoll. Nach § 10 Abs. 5 MBO-Ä bedürfen Aufzeichnungen auf elektronischen Datenträgern oder anderen Speichermedien besonderer Sicherungs- und Schutzmaßnahmen, um deren Veränderung, Vernichtung oder unrechtmäßige Verwendung zu verhindern. Ärztliche Aufzeichnungen wie Behandlungsunterlagen, Ergebnisse genetischer Untersuchungen und die Patientenakte werden mindestens 10 Jahre aufbewahrt, während Gesundheitsakten beruflich exponierter Personen nach §§ 79 Abs. 3, 167, 175 StrlSchV mindestens 30, aber höchstens 100 Jahre gesichert werden (Bundesärztekammer, 2022).

1.2. Ärztliche Schweigepflicht

Alle Mitarbeiter der Arztpraxis müssen eine regelmäßige Datenschutzunterweisung erhalten. Die ärztliche Schweigepflicht nach § 9 Abs. 1 MBO-Ä, welche sich zudem als Nebenpflicht aus dem zwischen Arzt und Patient geschlossenen Behandlungsvertrag entsprechend der §§ 630a ff. BGB ergibt, gilt es durch Mitarbeiter und die technische Infrastruktur zu wahren. Durch die ärztliche Schweigepflicht wird das Patientengeheimnis nach § 203 StGB geschützt. Zudem hat der Arzt nach dem Strafgesetzbuch dafür zu sorgen, dass die für ihn tätigen sonstigen mitwirkenden Personen zur Geheimhaltung entsprechend § 203 Abs. 4 S. 2 Nr. 1 StGB verpflichtet werden. Entweder nimmt der Arzt selbst die Geheimhaltungsverpflichtung der sonstigen mitwirkenden Personen vor, oder er verpflichtet das von ihm beauftragte Dienstleistungsunternehmen, dass es die für den Arzt eingesetzten Unternehmensmitarbeiter seinerseits zur Geheimhaltung verpflichtet (Bundesärztekammer, 2022).

1.3. Datenschutzbeauftragter

Arztpraxen müssen prüfen, ob sie einen Datenschutzbeauftragten (DSB) zu benennen haben. Dabei ist die Frage der Verantwortung zu klären. Selbst wenn man den eigentlichen Umsetzungsprozess extern fachlich an einen Dienstleister delegiert, sollte ein Mindestmaß an Überblickswissen auch in der eigenen Praxis vorhanden sein. Einzelarztpraxen und Organisationsgemeinschaften müssen nur ausnahmsweise einen DSB benennen. In kleineren Berufsausübungsgemeinschaften findet im Vergleich zum durchschnittlichen „einzelnen Arzt" keine umfangreiche Verarbeitung statt, wenn keine signifikant höhere Anzahl an Patientendatensätzen als in Einzelarztpraxen verarbeitet wird. In diesen Fällen ist die Benennung eines DSB auch in Berufsausübungsgemeinschaften nicht verpflichtend. Verantwortliche müssen grundsätzlich jedoch einen DSB benennen. Dieser dient der internen Kontrolle, um den Datenschutz einzuhalten. Insbesondere ist der Zusammenhang mit der Datenschutzfolgenabschätzung zu beachten: Ist diese verpflichtend durchzuführen, bedarf es auch der Benennung eines DSB, ohne dass es noch darauf ankommt, ob die „Kerntätigkeit" in der umfangsreichen Verarbeitung von Gesundheitsdaten besteht. Für die Benennung eines DSB spricht in Zweifelsfällen, dass damit ein Ansprechpartner für Datenschutzfragen zur Verfügung steht und aufsichtsbehördliche Maßnahmen vermieden werden können. Bei einer Arztpraxis mit 6 Mitarbeitern empfiehlt es sich, einen externen DSB zu konsultieren um nötiges Fachwissen über Datenschutz und IT-Sicherheit zur Verfügung zu haben. Wird ein externer DSB benannt, ist dieser zur Geheimhaltung zu verpflichten; andernfalls können sich die verantwortlichen Ärzte strafbar machen. Sofern eine meldepflichtige „Datenpanne" vorliegt, müssen auch die betroffenen Patienten unverzüglich in klarer und einfacher Sprache benachrichtigt werden, wenn ein Risiko für ihre persönlichen Rechte und Freiheiten wahrscheinlich erscheint. Eine Benachrichtigung ist entbehrlich, wenn geeignete technisch-organisatorische Maßnahmen (z. B. eine Verschlüsselung) ausschließen, dass ein Schaden für Patienten eintreten kann oder wenn wirksame Maßnahmen zur Schadensbegrenzung ergriffen wurden (Bundesärztekammer, 2022).

2. Bedrohungsanalyse

2.1. Risikofaktoren

Die Bedrohungsanalyse ist ein Teilbereich des Risikomanagements und der Risikoanalyse. Mithilfe der Bedrohungsanalyse lassen sich die verschiedenen Bedrohungen für IT-Systeme und IT-Prozesse systematisch erfassen, strukturieren und bewerten. Es handelt sich dabei nicht um einen einmaligen, sondern einen sich wiederholenden Prozess (CI, *Continuous Improvement*). Bevor weitere Schritte beschlossen werden, muss entschieden werden, wie Risiken behandelt werden. Einige Risiken können durch eine Mitigierung verkleinert werden, andere Risiken können eliminiert oder transferiert werden. Manche Risiken werden akzeptiert und benötigen keine Maßnahme. Für IT-Systeme existieren eine Vielzahl möglicher Bedrohungen, die im Rahmen der Bedrohungsanalyse identifiziert, erfasst und bewertet werden. Mögliche Bedrohungen sind:

- unbefugter Zugriff auf Daten
- Diebstahl oder Manipulation von Daten
- unbefugter Zugriff auf Systeme
- Störung der Verfügbarkeit von Systemen
- Manipulation von Systemen
- Angriffe durch beispielsweise Social Engineering oder Malware
- Denial of Service Angriffe
- Diebstahl von Benutzerkennungen (Security Insider, 2022)

Um Risiken und Gegenmaßnahmen zu priorisieren, kann das Bedrohungsrisiko bestimmt werden indem die Eintrittswahrscheinlichkeit und die Auswirkung auf das System und das Unternehmen eingeschätzt wird (Alter Solutions, 2022).

Es kann zu Verzögerungen und Ausfällen aufgrund fehlender Aktualisierung von Software, schwachen Passwörter, fehlender Multi-Faktor-Authentifizierung, Firewall und Virenschutzprogramme, zusätzlicher Absprache, Bürokratie und Lieferschwierigkeiten von Strom, Gas, Internet und medizinischen Produkten kommen, welche unter Umständen teurer bezogen werden müssen oder im Ernstfall nicht verfügbar sind. Abhängig vom Strom ist auch eine ausreichende Infrastruktur für die Telekommunikation mit Krankenkassen, Fachabteilungen, Spezialisten, Gesundheitsämtern sowie Herstellern und Lieferanten von Medizintechnik und Pharmazeutik. Ein Wasserschaden oder Feuer kann Datenspeicher und Elektronik befallen, ein Sturm die drahtlose Telekommunikation erschweren. Aus Sicht des BSI ist es wichtig, dass Praxisinhabende einschätzen können, wann bei einem Ausfall der IT ein wirtschaftlicher Totalschaden eintritt und wie sie auch ohne die vorhandene IT den Minimalbetrieb sichern können (Bundesamt für Sicherheit in der Informationstechnik, 2022). Einzelne Personen können erkranken oder andere Aufgaben priorisieren, weswegen eine weitere Person pro Rolle in die Durchführung der Aufgaben unterwiesen werden sollte. Durch die Veränderung vor-

handener Systeme der informationstechnischen Verarbeitung können unvorhergese-
hene Fehler auftreten, die nicht nur die Installation des neuen Systems beeinflussen,
sondern auch das gesamte System unterbrechen können. Systemunterbrechungen
können bei der Umsetzung des Konzeptes auch durch unzureichende Datenschutzunterweisung der Mitarbeiter entstehen.

2.2. Maßnahmen

2.2.1. Informationssicherheitsmanagementsystem

In vielen Fällen können Risiken an eine Versicherung übertragen werden, im besten
Fall wird jedoch die Ursache des Risikos vermieden. Im Fall einer Betriebsunterbre-
chung infolge von Internetkriminalität wird ein Tagessatz in der Police vereinbart. Dieser berücksichtigt den entgangenen Gewinn des versicherten Unternehmens und wird
vom Versicherer solange gezahlt, wie die Produktion oder der Betrieb stillsteht.

Ein Informationssicherheitsmanagementsystem (ISMS, *Information Security Management System*) enthält eine Dokumentation aller Prozesse und Regeln innerhalb eines
Unternehmens, welche das Ziel einer kontinuierlichen und dauerhaften Informationssicherheit haben. Insbesondere sollen die folgenden Aufgaben in Bezug auf die IT-Sicherheit erfüllt werden: Zunächst erfolgt eine Definition von Regeln und Methoden für
die IT-Sicherheit. Diese werden anschließend durch Prozesse umgesetzt, die die Organisation in Bezug auf IT-Sicherheit steuern. Die erfolgreiche Umsetzung der Regeln
und Methoden in den Prozessen der Organisation wird permanent hinsichtlich der Effektivität und der benötigen Ressourcen zur Aufrechterhaltung der IT-Sicherheit kon-
trolliert. Die Ergebnisse der Kontrollen und Ressourcenanalysen müssen im Rahmen
einer Verbesserung durch gezielte Maßnahmen umgesetzt werden. Dieser Kreislauf
wird wiederholt durchlaufen, um eine permanente Erfolgskontrolle zu gewährleisten.
Die Familie von Normen der ISO/IEC 27000 enthält alle relevanten Informationen bezüglich Informationssicherheitsmanagementsystemen:

- ISO/IEC 27000:2016 gibt einen Überblick über die ISO/IEC-27000-Familie und
  enthält Definitionen.
- ISO 27001:2013 beschreibt die Anforderungen an ein ISMS.
- ISO 27002:2013 enthält eine Anleitung für die praktische Umsetzung der Kontroll-
  elemente der ISO 27001:2013.
- Ein Implementierungsleitfaden eines ISMS ist in der ISO 27003:2010 enthalten.
- ISO 27004:2009 beschäftigt sich mit der Metriken zur Messung der Informations-
  sicherheit.
- Das Risikomanagement wird in der ISO 27005:2011 beschrieben.
- Die Normenfamilie enthält weitere Normen für das Cloud Computing, die sichere
  Software-Entwicklung etc.

Ein ISMS entsprechend der Norm ISO 27001 kann von verschiedenen Organisationen
zertifiziert werden, z. B. vom TÜV. Dieses Prüfsiegel stärkt das Vertrauen der Kunden
in die Fähigkeit eines Unternehmens, mit der IT-Sicherheit angemessen umzugehen.

Aufgrund der Vertraulichkeit von Schutzkonzepten, analysierten Angriffen und konkreten Gegenmaßnahmen ist eine Zertifizierung häufig der einzige Weg, dieses Vertrauen herzustellen. Die Vertraulichkeit von sicherheitsrelevanten Dokumentationen und Maßnahmen ist essenziell, weil ein Angreifer mit diesen Informationen sehr zielgerichtet Schwachstellen finden und diese ausbeuten können (Beckers, 2021).

Eine Arztpraxis verarbeitet viele Patientendaten an gesetzliche wie auch private Krankenkassen und externe Fachabteilungen, weswegen die lokale Verarbeitung und Speicherung nach dem neuesten Stand der Technik gehandhabt werden sollte. Die Schnittstellen und Datenverschlüsselungen müssen von allen Beteiligten sichergestellt werden. Alle Mitarbeiter der Arztpraxis müssen nach den Anforderungen an den Datenschutz geschult sein und diesen aktiv ausüben. Dazu gehört eine regelmäßige Aktualisierung des Mail- und Browserprogramms, des Betriebssystems, der Treiber für Netzwerkmodule, der Firewall und der Virenschutzprogramme. Passwörter müssen einzigartig und alphanumerisch sein und durch mindestens einen zweiten Faktor eine zeitlich beschränkte Gültigkeit im System haben.

Abbildung 1: IT-Sicherheit

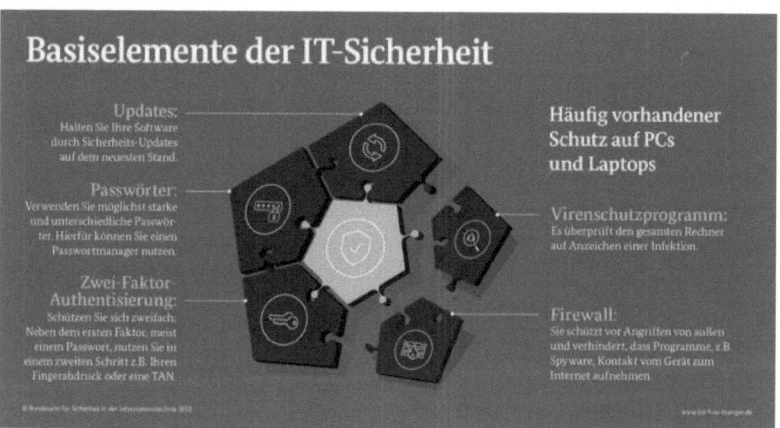

Schematische Darstellung der Grundbausteine einer Absicherung gegen Cyberbedrohungen (Quelle: Bundesamt für Sicherheit in der Informationstechnik, 2022)

Zur Sicherung der Patientendaten sind täglich Sicherungskopien auf geeigneten externen Medien zu erstellen. Wichtige Daten sollten zusätzlich ausgedruckt auf Papier archiviert und gesichert werden falls es zu einem Stromausfall kommt (Müller, 2018). Die externe Speicherung von Patientendaten zum Zweck einer zusätzlichen Datensicherung außerhalb der Praxis ist nur unter bestimmten Voraussetzungen zulässig. Dabei sind die für die Auftragsverarbeitung geltenden Grundsätze zu beachten. Eine externe Datenspeicherung kann nur zum Zweck einer zusätzlichen Datensicherung (Sicherungskopien) empfohlen werden (Bundesärztekammer, 2022). Die jeweilige Teilmenge zu schützender Daten eines Datensatzes muss entweder gesondert verarbeitet werden oder aus dem Datensatz gelöscht werden. Personenbezogene Daten wie Vor- und Nachnamen, Adressen, Bankverbindungen, Telefonnummern, E-Mailadressen und Gesundheitsdaten dürfen nur befugten Instanzen einsehbar sein. Ebenso müssen Metadaten über Zugriffe auf geschützte Informationen verschlüsselt sein. Der Arzt muss während der gesetzlichen Aufbewahrungsfristen in der Lage sein, nach einem Wechsel des IT-Systems oder der Programme innerhalb angemessener Zeit die elektronisch dokumentierten Informationen lesbar und verfügbar zu machen. Die Wartung von IT-Systemen in Arztpraxen ist eine Prüfung oder Wartung automatisierter Verfahren oder von Datenverarbeitungsanlagen durch Externe. Dabei sind die Anforderungen für mitwirkende Personen sowie die für die Auftragsverarbeitung geltenden Grundsätze zu beachten. Auszumusternde Datenträger müssen unter Beachtung des Datenschutzes (z. B. durch mehrfaches Überschreiben mittels geeigneter Software) fachgerecht unbrauchbar gemacht werden. Der Arzt sollte beim Abschluss von IT-Dienstleistungsverträgen und in jedem einzelnen Wartungs- oder Reparaturfall darauf achten, dass die gesetzlichen Vorschriften eingehalten werden (Bundesärztekammer, 2022).

2.2.2. Telematikinfrastruktur

Um Risiken, die zu Prozessunterbrechungen führen können, vorab zu vermeiden, werden Gegenmaßnahmen erhoben. Bei Inbetriebnahme eines Teilsystems muss sichergestellt werden, dass der Anschluss an ein größeres Netzwerk aus Teilsystemen weder eine Komponente noch das Netzwerk beeinträchtigen. Es benötigt eine dezentrale Architektur (DDS, *Distributed Data Service*), in welcher unterschiedlichste Teilnehmer einer Wertschöpfungskette Daten im gesamten Netzwerk verteilt speichern können, um den Ursprung von Daten und darauf aufbauender Erkenntnisse sicherzustellen und transparent nachvollziehen zu können. Viele Cyberattacken fokussieren sich auf die Lieferkette von kleinen Softwareunternehmen, welche spezielle Lösungen für große Konzerne bereitstellen (Curry et. al., 2021). Mithilfe von repräsentativen Programmierschnittstellen zur Zustandsübertragung (REST API, *Representational State Transfer Application Programming Interface*) können sowohl zusätzliche Dienstleistungen (engl. *microservices*) an ein IT-System angeschlossen werden als auch eine direkte Verbindung zu einem Anbieter von Cloud Computing hergestellt werden, welcher dazu dient Mitarbeiter und befugte Instanzen über mehrere Faktoren zu authentifizieren (MFA, *Multi-Factor Authentication*) und Zugriffe auf schützenswerte Informationen zu erteilen sowie Verschlüsselung zu ermöglichen. Die Dateien, welche extern in den Rechenzentren eines Cloud Anbieters (CSP, *Cloud Service Provider*) verarbeitet werden, können korrumpiert werden, wenn die Schwachstellen zwischen Applikationen während der Kommunikation ausgenutzt werden. Deswegen sollten offene API Standards und eine eigene Verschlüsselung für Dateien genutzt werden um Sicherheitslücken zu vermeiden (Harkut, 2020). Die Einführung der Telematikinfrastruktur hat 2018 mit der ersten TI-Anwendung, dem Versichertenstammdatenmanagement (VSDM), begonnen. Die Durchführung des VSDM ist für Ärzte, Psychotherapeuten und Zahnärzte, die an der Versorgung gesetzlich Versicherter teilnehmen, verpflichtend. Praxen, die dieser Verpflichtung nicht nachkommen, muss das Honorar laut § 291b Abs. 5 SGB V um aktuell 2,5 Prozent gekürzt werden. Die TI soll eine sichere Vernetzung der medizinischen Versorgung innerhalb Deutschlands ermöglichen und besteht aus mehreren einzelnen Komponenten. Um von den Arztpraxen, Krankenhäusern und Apotheken Zugriff auf die TI zu bekommen wird der Konnektor benötigt. Der Konnektor ist ein von der gematik GmbH bereitgestelltes Gerät, welches eine Verbindung zum VPN-Netzwerk aufbaut, damit auf sicherem Wege Dokumente empfangen und versendet werden können. KIM (Kommunikation im Medizinwesen) sorgt für den sicheren Austausch von Dokumenten und Informationen zwischen den unterschiedlichen Teilnehmern der TI. Der Versand erfolgt durch sichere E-Mails innerhalb der TI. Mit Hilfe des elektronischen Heilberufsausweises (eHBA) kann sich der Arzt innerhalb der TI ausweisen und damit die nötigen Berechtigungen erlangen, um neue Dokumente zu erstellen sowie vorhandene Dokumente zu verändern oder zu lesen. Auch jede Arztpraxis, jedes Krankenhaus und jede

Apotheke muss sich in der TI ausweisen können. Dies geschieht durch die Institutions-karte (SMC-B).

Abbildung 2: Telematikinfrastruktur

ELEKTRONISCHE PATIENTENAKTE (ePA)

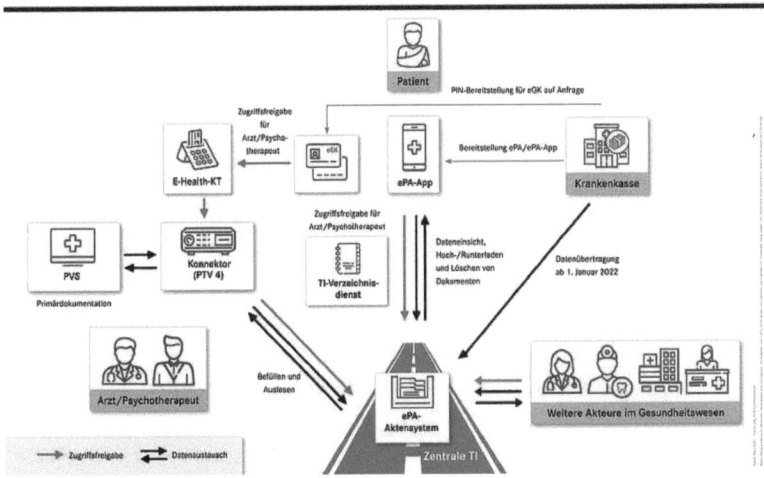

Schematische Darstellung der Telematikinfrastruktur der deutschen Medizinversorgung (Quelle: Kassenärztliche Vereinigung Bayern, 2022)

Die elektronische Gesundheitskarte (eGK) der gesetzlich Versicherten wird ebenfalls zur Authentifizierung innerhalb der TI genutzt. Durch das VSDM ist es nicht mehr notwendig eine neue Karte auszustellen, wenn sich die Anschrift oder der Versicherungs-status des Versicherten ändert. Die Daten können bei dem nächsten Arztbesuch automatisch aktualisiert werden, wenn der Versicherte die Neuerungen bereits an seine Krankenkasse gemeldet hat. Die eGK ist jedoch weitaus mehr als nur eine Authentifi-zierungskarte. Auf der Karte können Notfalldaten (NFDM) und der elektronische Medi-kationsplan (eMP) gespeichert werden. Diese Daten sind in Notsituationen besonders wichtig, um eine effiziente und korrekte Behandlung gewährleisten zu können, vor allem, wenn der Versicherte selber nicht mehr in der Lage ist Auskunft zu geben. Die elektronische Patientenakte (ePA) ist eine der wichtigsten Anwendungen der TI. Durch die ePA kann jeder gesetzlich Versicherte mobil auf seine Patientenakte zugreifen. Ärzte können bereits durchgeführte Behandlungen und deren Befunde einsehen und neue Dokumente erstellen und einstellen (Bundesärztekammer, 2022).

3. Umsetzungsplan

3.1. Projektbeschreibung

Anhand einer Bedrohungsanalyse im Kontext zur IT-Sicherheit für eine Allgemeine Hausarztpraxis mit insgesamt 6 Mitarbeitern wird ein Umsetzungsplan für Maßnahmen erstellt. Dafür werden kurz- und mittelfristige Ziele wie auch Meilensteine definiert Auf Basis einer Risikoanalyse werden potenzielle Optimierungs- und Verbesserungsmöglichkeiten aufgezeigt.

3.2. Projektziele

3.2.1. Kurz- und mittelfristige Ziele

Ein Mitarbeiter der Arztpraxis wird als Datenschutzbeauftragter ernannt. Sollten die Fachkenntnisse nicht ausreichend sein, wird ein externer Berater beauftragt, entsprechende Prüfungen und Handlungsempfehlungen zu geben. Alle Mitarbeiter werden regelmäßig darin geschult, ihre alltäglichen Tätigkeiten gemäß der GDPR auszuführen um so eine ärztliche Schweigepflicht zu wahren. Die Verwaltungsfachangestellten erhalten ausschließlich Zugriff auf die persönlichen Daten eines Patienten und Informationen über den Termin. Der Grund für den Arztbesuch und die Patientenakte ist gemäß der Datenminimierung nur für Ärzte und den jeweiligen Patienten einsehbar. Risiken werden fortlaufend nach Eintrittswahrscheinlichkeit sortiert in einer Liste aufgenommen wie missionskritische Kennzahlen (KPI, *Key Performance Indicators*). Gegenmaßnahmen werden geprüft und bei erhöhter Bedrohung zusätzlich erhoben. Das kann auch bedeuten, jegliche Telekommunikation der Stromversorgung zu entziehen.

3.2.2. Meilensteine

Die vorhandene technische Infrastruktur und die Praxisverwaltungssoftware (PVS) wird an die Telematikinfrastruktur der deutschen Medizinversorgung angeschlossen. Nötige Schnittstellen werden dafür eingerichtet und geschaffen. Die Geräte und deren Treiber und Software werden auf dem neuesten Stand gehalten. Wichtige Untersuchungsergebnisse werden sowohl verschlüsselt auf einem Datenspeicher in der Arztpraxis aufbewahrt als auch in Papierform archiviert und vor äußeren Einwirkungen höherer Gewalt in einem wasserdichten Tresor gesichert. Zusätzlich wird eine Notstromversorgung für essenzielle Speichermedien und Beatmungsgeräte eingerichtet.

3.3. Projektstrukturplan

In einem projektspezifischem, strukturiertem Plan (PSP, *Projektstrukturplan*) werden die jeweiligen Ressourcen beschrieben, die zur Umsetzung der Projektziele benötigt werden. Zu erzielende Meilensteine werden dem Projekt entsprechend definiert, in Arbeitsschritte (AP, *Arbeitspakete*) formuliert und funktionellen Rollen einer Organisation zugewiesen (Zell, 2018). Im Fall des Umsetzungsplans von Maßnahmen für eine Arztpraxis empfiehlt sich ein externer Datenschutzbeauftragter für spezielles Fachwissen. Zusätzliche Maßnahmen und Kosten müssen von dem praxisinhabenden Arzt bestimmt werden. Vorsicht im Alltag bezüglich Datenschutz ist durch alle Mitarbeiter zu gewährleisten.

Abbildung 3: Projektstrukturplan

Projekt	IT-Sicherheit					
Phase	1.1 Konzeption			1.2 Umsetzung		1.3 Laufender Betrieb
AP	1.1.1 Datenschutzbeauftragten benennen	1.1.2 Risiken nach Eintrittswahrsch einlichkeit listen	1.1.3 Treiber, Virenschutz und Firewall	1.2.1 PVS an TI anschlie ßen	1.2.2 ePA ausgedr uckt in Tresor	CI
	Regelmäßige Datenschutzunterweisung	KPI	Starke, einzigartige Passwörter	Schnittst ellen einrichte n	Daten verschlü sseln	Daten verschlüss eln
	Datenminimierung	Auswirkungen von Ausfällen einschätzen	MFA	Software aktualisie ren	Notstrom versorgu ng für Server	KPI

Schematische Darstellung eines PSP (Quelle: Zell, 2018)

3.4. Projektablaufplan

Bevor ein Umsetzungsplan durchgeführt wird, sollte während einer Konzeption eine detaillierte Bedrohungs- und Risikoanalyse folgen, bei denen KPI zur Eintrittswahrscheinlichkeit von Risiken und deren Auswirkung von Ausfällen aufgestellt werden. Während der Umsetzung und dem laufenden Betrieb sollte jegliche Maßnahmen erhoben werden und Prüfungen wiederholt werden.

3.5. Kostenplan

Praxen erhalten sämtliche Pauschalen und Zuschläge, die die Krankenkassen für den Anschluss und den Betrieb der TI zahlen, erst ab dem ersten VSDM-Abgleich, also wenn die erste elektronische Gesundheitskarte mit dem neuen Kartenterminal eingelesen wurde und damit die Versichertendaten des Patienten auf der Chipkarte automatisch online geprüft wurden. Diese Regelung gilt auch für den Zuschuss zum elektronischen Heilberufsausweis. Pro Kartenterminal können 535€ erstattet werden, für den Konnektor mit Funktion für die qualifizierte elektronische Signatur 2084€ bei 4 praktizierenden Ärzten. Die Praxen erhalten eine einmalige TI-Startpauschale in Höhe von 900 €. Damit werden Kosten erstattet, die im Zusammenhang mit der Einrichtung der Komponenten und Dienste entstehen (z.B. Praxisausfall während der Installation des Konnektors, Anpassung des PVS, Schulung des Praxispersonals). Quartalsweise wird eine Pauschale in Höhe von 23,25 € je SMC-B-Karte und 248€ für die Installation und Wartung des VPN-Konnektors erstattet (Kassenärztliche Vereinigung Bayern, 2022). Für den Anschluss und den Betrieb der TI in der Praxis entstehen so anfangs Kosten i.H.v. 1.990,25 € exklusive 900 € Startpauschale. Eine Cyberversicherung deckt die Kosten für die Praxis ab, welche durch einen Cyberschaden entstehen können. Gedeckt werden Entschädigungen bei Betriebsausfällen, Eigenschaden, Fremdschaden, Datenwiederherstellung, IT-Expertise und Forensik, Rechtsberatungen und die Kosten für Krisenmanagement. Jegliche Mitarbeiter und deren Tätigkeit kann mitversichert werden. Die Kosten sind abhängig vom Jahresumsatz der Praxis, der Versicherungssumme, Selbstbeteiligung, Versicherungsleistung, Zahlungsweise, Vertragslaufzeit und betragen mindestens 1.000 € im Jahr. Für einen externen Datenschutzbeauftragten muss mit einem Honorar i.H.v. 3.000 € pro Jahr gerechnet werden. Als erste Einschätzung genügen 150 € pro Monat, welche auch eine Mitarbeiterschulung beinhalten. Ein Virenschutzprogramm und eine Firewall kosten jeweils 500 €, ein Tresor und eine Notstromversorgung zusätzlich jeweils 1.000 €. Mit einem Budget von 10.000 € können jegliche Maßnahmen zur IT-Sicherheit erhoben werden. Diese Kosten können zu großen Teilen steuerlich vermerkt werden (Gründer, 2021).

3.6. Ressourcenplan

Benötigt werden 10.000€, mindestens ein voller Arbeitstag, an welchem alle Mitarbeiter von einem externen Datenschutzbeauftragten unterwiesen werden und zwei volle Arbeitstage an dem mindestens zwei Mitarbeiter der Installation des TI-Anschlusses beiwohnen. Verzögerung bei der Einrichtung der TI und dem PVS werden von der KVB bzw. einer Cyberversicherung gedeckt.

4. Risikoanalyse

Selbst mit gutem IT-Schutz sind Unternehmen nicht vollständig vor Cyberattacken geschützt. Denn jede noch so gute IT-Sicherheitsabwehr hat eine Schwachstelle: den Menschen. Die häufigsten Angriffe entstehen durch menschliche Fehler, wenn Mitarbeiter etwa E-Mail-Anhänge mit Schadsoftware öffnen. Menschen bilden das größte Sicherheitsrisiko in einer Organisation und die Ziele und Motivationen von Individuuen können manipuliert und gegen die Sicherheitsrichtlinien und dem Zweck eines Unternehmens verwendet werden (Pfleeger & Caputo, 2021). Es besteht weiterhin das Risiko der Korruption, sodass jegliche Eide und Gesetze umgangen werden können, wenn eine Person mit Zugriff auf schützenswerte Informationen selbst bedroht wird, diese einem Angreifer freizugeben. Wenn möglich sollte ein Betriebssystem bzw. Systemeinstellungen verwendet werden, bei denen der Zugriff auf Datenerhebung durch das System, dessen Funktionen und weitere Applikationen möglichst gering gehalten ist (Bundesamt für Sicherheit in der Informationstechnik, 2022). Je nachdem welcher CSP für die PVS und den Betrieb der TI gewählt wurde, müssen regionale Umstände wie gesetzliche Anforderungen und Geopolitik beachtet werden um die Einsicht in Daten durch Dritte zu vermeiden. Private Mobilgeräte von Mitarbeitern und Patienten können vor Ort in der Praxis durch Lücken in Kommunikationsprotokollen (WLAN, *Wireless Local Area Network*) ein Sicherheitsrisiko darstellen, welches durch Zugriffsbeschränkungen auf bekannte Geräte vermieden werden kann.

5. Diskussion potenzieller Optimierungs- und Verbesserungsmöglichkeiten

Obwohl technisch alle Maßnahmen unternommen wurden, um einen unterbrechungsfreien Betrieb zu gewährleisten, gilt es auch Informationen selbst und deren Quellen kritisch zu hinterfragen. Manche Hersteller von pharmazeutischen Produkten erheben ein Monopol auf einem Markt, auf dem es weder unabhängige, wissenschaftliche Studien zur Effektivität gibt, noch eine gesetzliche Verpflichtung zur Verschreibung dieses bestimmten Produktes vorhanden ist. Beworben und empfohlen wird jedoch nur ein Produkt, nachdem die Alternativen von Konkurrenten nicht mehr zugelassen werden. Zudem sind diese Hersteller unter Anderem in Korruptionsskandale involviert, bei denen die Wirksamkeit auf ethisch nicht vertretbare Weise getestet wird. Die Informationen über Medikamente und deren Inhaltsstoffe sollten transparent einsehbar sein um von externen Prüfern der Pharmakovigilanz analysiert werden zu können. Das ist nicht immer der Fall. Daten müssen auffindbar, zugreifbar, nutzbar und reproduzierbar sein (FAIR, *findable, accessible, interoperable, reproducible*) (Press, 2016 zit. n. Curry et. al., 2021). Der Hersteller eines Medikaments bzw. Impfstoffs muss bei unbekannten Nebenwirkungen entsprechend §84 AMG haften, weswegen regelmäßig unabhängige Analysen über die Folgen von Nebenwirkungen erfolgen müssen, bevor und nachdem das Medikament verschrieben wird. Noch wird geprüft, ob Vorerkrankungen oder individuelle Umstände die Wirkung eines Medikaments beeinflussen könnten. Langzeitstudien über Medikamente werden jedoch in einem Kosten-Nutzen-Verhältnis mit der erhofften Wirkung gegenübergestellt. Die Entwicklungen über Erkenntnisse müssen vom jeweiligen Arzt und Patienten abgewägt werden. Es ist nicht ratsam, auf kommerzielle Suchmaschinen die beworbenen Treffer zu Informationen über Symptome, Krankheiten und Medikamente zu empfehlen, da die Trefferliste durch wissenschaftlich nicht fundierte Produkte verfälscht werden kann. Nachdem ein Arzt nicht alle Medikamente kennen kann, müssen diese mit einfachen Beschreibungen von Symptomen in einer durch unabhängige Institutionen verifizierten Datenbank auffindbar sein um passende Rezepte erstellen zu können. Die verwendete Literatur und deren Quellen könnten fehlerhafte Schlüsse aufgrund unzureichender Daten suggerieren.

6. Zusammenfassung

Bedrohungen durch Cyberattacken nehmen mit der Verbreitung von digital Geräten und Anwendungen weiter zu und können kritische Infrastrukturen zur Wasser-, Strom und medizinischen Versorgung treffen. Zudem verarbeitet eine allgemeine Arztpraxis hochsensible Patientendaten, die es durch die technische Infrastruktur und Mitarbeiter zu schützen gilt. Der Inhaber einer Arztpraxis wie auch dessen Mitarbeiter muss gesetzlich sowohl eine Buchhaltung als auch einen Datenschutz und ärztliche Schweigepflicht wahren. Ist entsprechendes Fachwissen nicht durch einen Mitarbeiter in der Gemeinschaftspraxis vorhanden, gilt es einen externen Datenschutzbeauftragten zu konsultieren. Um unbefugten Zugriff und Manipulation von Daten, Systemen und Menschen zu vermeiden, müssen Betriebssysteme und weitere Software aktuell sein, starke Passwörter mit MFA, Virenschutz und Firewall eingerichtet sein und alle Mitarbeiter regelmäßig eine Datenschutzunterweisung erhalten. Um den Verlust von Daten durch einen Stromausfall oder höhere Mächte zu vermeiden, sollten wichtige Patientendaten ausgedruckt in Papierform in einem wasserdichten, feuerfesten und gesicherten Tresor aufbewahrt werden. Zusätzlich ist auch eine Notstromversorgung für den lokalen Speicher in der Praxis ratsam, welche im Notfall auch Beatmungsgeräte und medizinische Geräte betreiben kann. Durch Anschluss des PVS an die TI der deutschen Medizinversorgung werden zusätzlich ePA dezentralisiert mit VPN-Anbindung über einen Konnektor übertragen und gesichert. Die TI ermöglicht zusätzliche medizinische Anwendungen wie das VSDM und die Freigabe von Untersuchungsergebnissen an Fachabteilungen, Spezialisten und Patienten. Entsprechend den Richtlinien des Bundesamtes für Sicherheit in der Informationstechnik, der Bundesärztekammer und der Kassenärztlichen Vereinigung Bayerns und des Bundes wird ein Umsetzungsplan aufgestellt nachdem sich der Praxisinhaber und der Datenschutzbeauftragte orientieren können um die IT-Sicherheit zu gewährleisten.

7. Fazit

Mit einer Anbindung an die Telematikinfrastruktur durch einen VPN-Konnektor, ein Karten terminal und entsprechenden Authentifizierungen für Ärzte, Verwaltungsfachange stellte und Patienten kann ein Großteil der technischen Bedrohungen vermieden werden. Schäden aufgrund von Datenschutzverletzungen und Betriebsaufällen können durch die Beratung eines DSB und eine Cyberversicherung verringert werden. Weitere Risiken wie geopolitische Umstände, welche die Versorgung von medizinischen Produkten reduzieren oder verhindern, müssen akzeptiert werden. Für einen reibungslosen Ablauf muss nicht nur die technische Infrastruktur sicher gestaltet sein sondern auch die Organisation und die Menschen, die in dieser arbeiten. Nicht nur die Einhaltung des Datenschutzes und der IT-Sicherheit ist ein fortlaufender Entwicklungsprozess, auch Tätigkeiten selbst bilden prozessual Metadaten und Informationen. Damit auch Informationsprozesse, bei denen das Fachwissen und die Integrität des durchführenden Menschen entscheidend sind, müssen Informationen validiert werden können. Dies erfolgt am besten durch einen Austausch mit einer zweiten, fachkundigen Person. Informationen über Medikamente, deren Inhaltsstoffe und Wirkungen gilt es kritisch zu hinterfragen.

Literaturverzeichnis

Alter Solutions. (2022). Was ist Security Threat Modeling? – Eine Einführung. Verfügbar unter: https://alter-solutions.de/allgemein/was-ist-security-threat-modeling-eine-einfuehrung/

Beckers, K. (2021). Wie Unternehmen sich gegen Cyberangreifer schützen. IT-Sicherheit und Datenschutz.

Bundesamt für Justiz. (2018). Bundesdatenschutzgesetz (BDSG). In Henssler, M., Willemsen, H. J. & Kalb, H.-J. (Hrsg.), Arbeitsrecht Kommentar (S. 532–534). Köln: Verlag Dr. Otto Schmidt. doi:10.9785/9783504385477-014

Bundesamt für Sicherheit in der Informationstechnik. (2019). Leitlinie zur Informationssicherheit.

Bundesärztekammer. (2022). Hinweise und Empfehlungen zur ärztlichen Schweigepflicht, Datenschutz und Datenverarbeitung in der Arztpraxis. doi:10.3238/arztebl.2021.ds02

Curry, E., Metzger, A., Zillner, S., Pazzaglia, J.-C. & García Robles, A. (Hrsg.). (2021). The Elements of Big Data Value. Cham: Springer International Publishing. doi:10.1007/978-3-030-68176-0

Dawson, J. & Thomson, R. (2018). The Future Cybersecurity Workforce: Going Beyond Technical Skills for Successful Cyber Performance. Frontiers in Psychology, 9. doi:10.3389/fpsyg.2018.00744

The United States Department of Justice. (2020). DIVISION V-CLOUD ACT. United States of America: The United States Department of Justice.

Das Europäische Parlament & Der Rat der Europäischen Union. (2016). Durchführungsbeschluss EU-US-Datenschutzschild, 112.

European Union Agency for Fundamental Rights. (2018). Handbook on European data protection law.

Kassenärztliche Vereinigung Bayern. (2022). Schematische Darstellung der Telematikinfrastruktur. Verfügbar unter: https://www.kvb.de/

Kugler, T. & Ströbl, A. (2017). Die Datenschutz-Grundverordnung. H&V Journal, 69 (11), 23–27. doi:10.1007/s35824-017-0169-0

Harkins, M. W. (2016). Managing Risk and Information Security. Berkeley, CA: Apress. doi:10.1007/978-1-4842-1455-8

Harkut, D. G. (2020). Cloud Computing Security - Concepts and Practice. (G. Harkut, D., Hrsg.). IntechOpen. doi:10.5772/intechopen.83221

Hellmann, R. (2018). IT-Sicherheit. De Gruyter. doi:10.1515/9783110494853

Hübsch, M. & Capital. (2022). Cybersicherheit: Versicherungen für die digitale Welt. Verfügbar unter: https://www.capital.de/geld-versicherungen/cybersicherheit--versicherungen-fuer-die-digitale-welt-31706874.html

Goldner, L. & Gründer. (2021). Cyber-Versicherung: Der Schutz vor Hacker-Angriffen.

International Organisation for Standardization. (2015). Qualitätsmanagementsysteme – Grundlagen und Begriffe (DIN EN ISO 9000:2015). ISO Dokument 9000:2015. Beuth Verlag GmbH. Verfügbar unter: https://www.beuth.de/de/-/-/235671064

Internationale Organisation für Standardisierung. (2017). Informationssicherheitsmanagementsysteme - Anforderungen (ISO 27001); Deutsche und Englische Fassung

Müller, K.-R. (2018). IT-Sicherheit mit System - Integratives IT-Sicherheits-, Kontinuitäts- und Risikomanagement - Sichere Anwendungen - Standards und Practices. Springer Vieweg.

Organisation for Economic Co-Operation and Development. (2002). OECD Guidelines on the Protection of Privacy and Transborder Flows of Personal Data. OECD Guidelines on the Protection of Privacy and Transborder Flows of Personal Data. OECD. doi:10.1787/9789264196391-en

Pawlowsky, P. (2019). Wissensmanagement. De Gruyter. doi:10.1515/9783110474930

Pfleeger, S. L. & Caputo, D. D. (2012). Leveraging behavioral science to mitigate cyber security risk. Computers & Security, 31 (4), 597–611. doi:10.1016/j.cose.2011.12.010

Pomerantz, J. (2015). Metadata. MIT Press.

Radziwill, N. (2020). Connected, Intelligent, Automated: The Definitive Guide to Digital Transformation and Quality 4.0. Quality Press.

Riedl, R. (2019). Management von Informatik-Projekten. De Gruyter. doi:10.1515/9783110471274

Reinhold, P. (2017). Sicheres Cloud Computing in der Praxis. TU Chemnitz.

Ruparelia, N. B. (2016). Cloud Computing. MIT Press.

Santos, G., Sá, J. C., Félix, M. J., Barreto, L., Carvalho, F., Doiro, M. et al. (2021). New Needed Quality Management Skills for Quality Managers 4.0. Sustainability, 13 (11), 6149. doi:10.3390/su13116149

Security Insider. (2022). Was ist eine Bedrohungsanalyse. Verfügbar unter: https://www.security-insider.de/was-ist-bedrohungsanalyse-a-739801/

Wilson, D. C. (2021). Cybersecurity. MIT Press.

Zell, H. (2018). Projektmanagement - Lernen, Lehren & für die Praxis.